Fiche **philosophe**

Par Philippe Staudt

Bachelard

LePetitPhilosophe.fr

BACHELARD

PHILOSOPHE DES SCIENCES, ÉPISTÉMOLOGUE ET CRITIQUE LITTÉRAIRE FRANÇAIS

- **Né en 1884 à Bar-sur-Aube**
- **Décédé en 1962 à Paris**
- **Quelques-unes de ses œuvres :**
  - *La Formation de l'esprit scientifique* (1938)
  - *La Psychanalyse du feu* (1938)
  - *La Poétique de la rêverie* (1960)

Gaston Bachelard a créé une **théorie de la connaissance tout à fait originale** qui a eu une grande influence sur la philosophie française. S'inspirant des deux révolutions scientifiques du début du XXᵉ siècle – la première dans les sciences physiques, avec la théorie de la relativité d'Einstein, la seconde en psychologie, avec la découverte de l'inconscient par Freud –, Bachelard défend une conception de la connaissance faisant droit à la fois à l'objectivité de la science et à l'idée freudienne d'une pensée fondamentalement irrationnelle. Sa thèse principale est que **la raison et les sens sont à jamais irréconciliables**. La connaissance se fait nécessairement contre les images produites par les sens.

Bachelard fut aussi un grand critique littéraire et un **ardent défenseur de l'imagination**. Celle-ci est un obstacle à la science, mais un formidable soutien à la vie. Elle éveille la conscience de l'homme par la création poétique et crée pour l'humanité, tout comme la science, mais d'une manière différente, un monde habitable.

BIOGRAPHIE

La vie de Bachelard se distingue par sa richesse et par son originalité. Professeur de philosophie à la Sorbonne à la fin de sa vie, il commence pourtant sa carrière professionnelle comme employé des Postes dans une petite ville des Vosges.

DES PREMIÈRES ANNÉES À LA GUERRE

Né en **1884** à Bar-sur-Aube, en Champagne, d'un père commerçant dans un débit de tabac et d'un grand-père cordonnier, Bachelard conservera toute sa vie, en plus d'un fort accent champenois, un **attachement profond pour l'artisanat, la nature et la vie provinciale**.

Après ses études secondaires, il entre en **1903** dans **l'administration des Postes et Télégraphes**, d'abord à Remiremont, puis, deux ans plus tard, à Paris. Malgré des semaines de travail de soixante heures, Bachelard s'inscrit à la **faculté de mathématiques**. Il obtient sa **licence en 1912** et prend l'année suivante une disponibilité d'un an pour préparer le concours d'élève-ingénieur des Télégraphes. Il se marie en **1914** avec une institutrice, peu de temps avant d'être **mobilisé par l'armée française**.

Il passera les quatre années de guerre dans les unités com-battantes et sera récompensé de son courage par deux fois (croix de guerre et citation à l'ordre de la division). Près de quarante ans plus tard, il sera nommé officier (1951), puis commandeur (1959) de la Légion d'honneur.

L'ORIENTATION PHILOSOPHIQUE

À la démobilisation, en **1918**, il devient **professeur de physique et de chimie** dans le lycée de son enfance, à Bar-sur-Aube. Son épouse décède en 1920. Il élèvera désormais seul sa fille Suzanne qui deviendra plus tard, à son tour, une philosophe reconnue.

Le tournant de sa vie a lieu avec la découverte de la théorie de la relativité d'Albert Einstein (1879-1955). C'est ce qui le décide à **s'orienter vers la philosophie**. Il obtient sa **licence en 1920**, puis l'agrégation deux ans plus tard. En **1927**, sa **thèse de doctorat** sur la « connaissance approchée » est récompensée par le prix de l'Institut.

Il débute ensuite une carrière de **professeur d'université**, à Dijon d'abord, puis à la Sorbonne, où il occupera la chaire d'histoire et de philosophie des sciences de 1940 jusqu'à sa retraite, en 1954. Les récompenses d'une carrière à la fois singulière et brillante arrivent dès l'année suivante, en 1955, avec l'**élection à l'Académie des sciences morales et politiques**, puis, en 1961, avec le **Grand prix national des Lettres**. Il décède en 1962 à Paris, à l'âge de soixante-dix-huit ans.

UNE ŒUVRE À DEUX VOLETS

L'œuvre de Bachelard est double :

- d'une part, il s'intéresse au **problème de la connaissance et de la recherche scientifique** : *Étude sur l'évolution d'un problème de physique. La propagation thermique dans les* solides (1927), *La Valeur inductive de la relativité* (1929), *Le Nouvel Esprit scientifique* (1934), *L'Expérience de l'espace dans la physique contemporaine* (1937), *La Formation de l'esprit scientifique. Contribution à une psychanalyse de la connaissance objective* (1938), *La Philosophie du non. Essai d'une philosophie du nouvel esprit scientifique* (1940), etc. ;

- d'autre part, il se penche sur des poètes et des écrivains, proposant une **nouvelle approche de l'imagination** et interrogeant les relations entre l'imaginaire et la rationalité : *La Psychanalyse du feu* (1938), *Lautréamont* (1939), *L'Eau et les Rêves. Essai sur l'imagination de la matière* (1941), *L'Air et les Songes. Essai sur l'imagination du mouvement* (1943), *La Terre et les Rêveries du repos* (1946), *La Poétique de l'espace* (1957), *Le Droit de rêver* (posthume, 1970), etc.

Ainsi l'œuvre de Bachelard est à la fois ancrée dans le concret, le réel et le rationnel, et dans la poésie, l'imagination et le rêve.

CONTEXTE PHILOSOPHIQUE

LA PHYSIQUE AU DÉBUT DU XXᵉ SIÈCLE

De nombreux bouleversements viennent affecter les sciences physiques au début du XXᵉ siècle. Le principal évènement qui remet en question les principes de la physique classique est **la théorie de la relativité**, présentée par **Albert Einstein** dans une version limitée en 1905, puis élargie dix ans plus tard à l'ensemble des phénomènes naturels. Avec la relativité générale, Einstein renouvèle complètement les principes définis par Isaac Newton (1642-1727) deux siècles plus tôt.

La principale conséquence de cette théorie est une conception nouvelle de l'espace et du temps :

- ceux-ci ne sont plus, comme le pensait Newton, des données absolues, valables uniformément pour toutes choses,
- ni, selon la conception d'Emmanuel Kant (1724-1804), des formes à priori de l'entendement qui structurent notre compréhension du monde indépendamment de l'expérience.

L'espace et le temps **varient en fonction du point de vue de l'observateur**. Bref, le temps et l'espace ne sont pas les mêmes pour tous les évènements ni pour tous les observateurs. Il y a désormais « des » espaces-temps. Aussi n'est-il plus possible de définir une chose absolument et universellement : **toute définition d'un phénomène physique**

dépend d'un point de vue. C'est pourquoi, les équations qui rendent compte des phénomènes naturels incluent désormais des variables liées à la position de l'observateur.

Les conséquences de la relativité pour la théorie de la connaissance sont révolutionnaires. **Bachelard** parle à ce propos d'un « **nouvel esprit scientifique** », tant les découvertes dans les sciences physiques impliquent un renouvèlement complet de ce que signifie « connaitre ». Il s'appuie ainsi sur Einstein et sur les résultats de la physique quantique pour critiquer en profondeur la philosophie de René Descartes (1596-1650) et la conception réaliste de la connaissance. La nature a une complexité que l'on ne saurait réduire sans tomber dans une simplification naïve du réel.

BON À SAVOIR

La **philosophie cartésienne** a pour but de donner des bases solides à la connaissance. Pour ce faire, Descartes élabore une méthode fondée sur le doute méthodique qui consiste à douter de tout ce qu'il tenait pour vrai jusque-là. Cela lui permet de parvenir à démontrer l'existence de certitudes inébranlables. La première de ces certitudes est celle du sujet, le *cogito* : « Je pense donc je suis. »

LA NAISSANCE DE LA PSYCHANALYSE

Au tournant du XXe siècle, **Sigmund Freud** (1856-1939) invente **le terme de « psychanalyse »** pour désigner la pratique thérapeutique qu'il est en train d'expérimenter. Il s'agit d'une méthode révolutionnaire de traitement des névroses et des souffrances psychologiques. L'origine des troubles psychiques et nerveux se trouverait selon le médecin viennois dans **un inconscient de la pensée**. La thèse est scandaleuse : en affirmant la réalité d'une pensée inconsciente, Freud remet en cause la perception de la pensée comme faculté d'un sujet conscient et transparent à lui-même. L'homme n'est plus maitre chez lui. À ses côtés réside un étranger dont il n'a pas conscience, mais qui pourtant a une influence sur son discours et sur ses actes.

Bachelard emprunte à la psychanalyse sa méthode et ses concepts pour refonder la théorie de la connaissance. Il recommande ainsi **la nécessité d'une « psychanalyse de la connaissance objective »**. La recherche scientifique possède selon lui elle aussi un inconscient qui l'empêche de se développer, tout comme des névroses empêchent le développement de la personnalité. La tâche du philosophe des sciences est d'analyser cet inconscient et de traquer les images qui paralysent la progression de la connaissance.

Bachelard se distingue cependant de Freud par son refus de l'idée de refoulement et se rapprochera de **Carl Gustav Jung** (1875-1961), un disciple de Freud, qui conçoit **l'inconscient comme une pensée première et primitive faite d'archétypes**. Les images qui apparaissent à la conscience et qui proviennent de l'inconscient ne doivent donc pas être interprétées comme des symboles de souvenirs individuels refoulés, mais comme l'apparition d'éléments premiers constitutifs de la vie et du monde.

<u>**BON À SAVOIR**</u>

Le **refoulement** désigne le processus par lequel le sujet repousse dans son inconscient les représentations perturbantes.

PENSÉE ET APPORT

LES OBSTACLES À LA CONNAISSANCE

L'objet principal de la pensée de Bachelard est **le problème de la connaissance scientifique**. « Que signifie connaitre ? », « Qu'est-ce qu'une connaissance rationnelle ? », « D'où vient la connaissance ? » sont les questions traditionnelles que se pose tout philosophe des sciences. L'originalité de Bachelard tient à ce **qu'il observe le développement de la science du point de vue de ses conditions psychologiques :** selon lui, non seulement la science n'est pas à l'abri de l'irrationalité, mais en plus, c'est en rapport avec cette irrationalité originaire qu'apparait la connaissance scientifique.

Quelle est cette irrationalité qui menace le savoir scientifique ?

Pour Bachelard, **la science est bâtie sur des images** qui constituent autant d'obstacles à une connaissance véritablement objective de la réalité (citation 1). Le danger de ces images est **qu'elles passent pour une représentation objective de la réalité**. En effet, l'esprit ignore que sa connaissance est pénétrée d'images subjectives.

Ainsi, notre vision du monde est davantage une représentation de notre volonté, ou de notre désir, qu'une représentation de la réalité objective.

Le complexe de Prométhée

Bachelard illustre son propos par de multiples exemples tirés de l'histoire des sciences. Le plus emblématique est celui du feu. Selon lui, **le feu exerce une séduction** sur le scientifique qui perd, par conséquent, toute distance critique lors de son étude du phénomène. Dès lors, l'objectivité prétendue de la connaissance repose sur un sentiment purement subjectif.

Plus précisément, si le feu exerce une séduction sur la pensée, ce n'est pas pour ses vertus scientifiques ou son utilité. Selon Bachelard, **l'intérêt pour le feu vient de valeurs inconscientes, en l'occurrence du sentiment de transgression**. La volonté de comprendre le phénomène du feu est liée à l'interdiction originaire que les parents imposent à l'enfant : celui-ci se voit privé dès le plus jeune âge de l'accès au feu. La volonté de transgresser l'interdit parental est donc la source du désir de connaitre la nature du feu. C'est ce que Bachelard appelle **le « complexe de Prométhée »**.

L'influence néfaste des images

L'exemple du feu montre bien l'influence de l'imagination et de déterminations psychologiques inconscientes sur la connaissance scientifique. Ainsi, des hypothèses ou des théories sont fondées sur des convictions inconscientes, sans que les savants ne s'en aperçoivent.

Le danger des images est la satisfaction qu'elles produisent. Dès lors, **la source de toute erreur réside dans la confusion entre une évidence rationnelle et une satisfaction**

intime. Or cette confusion constitue pour Bachelard un obstacle épistémologique, c'est-à-dire un obstacle à la connaissance objective. Ce type d'obstacle menace tout l'édifice scientifique et empêche le développement de la science.

Cependant, comme le pense Descartes, il ne suffit pas de douter de l'objectivité de nos connaissances pour prémunir la science du risque d'erreur. En effet, **le doute ne permet pas d'atteindre les déterminations inconscientes de nos pensées**, car nous ne pouvons douter que de ce qui est présent à l'esprit. Or les images qui constituent des obstacles à la rationalité ont une origine inconsciente. C'est pourquoi Bachelard a besoin d'une méthode particulière, différente de l'introspection cartésienne, pour découvrir les obstacles épistémologiques. Il emprunte alors à Freud **la méthode psychanalytique afin de fonder une « psychanalyse de la connaissance objective »**. Son objectif est d'analyser les obstacles épistémologiques qui se trouvent dans l'inconscient afin de dénoncer les erreurs de la raison et de remettre en question les principes sur lesquels on s'appuyait jusque-là.

L'INCONSCIENT DE LA PENSÉE SCIENTIFIQUE

L'imagination à l'origine de la connaissance

Pour Bachelard, **l'imagination n'est pas seulement un obstacle à la connaissance objective** ; elle est aussi et surtout **son origine**. Les philosophes se penchent depuis longtemps sur l'origine de nos connaissances. Bachelard se démarque cependant aussi bien :

- des philosophes rationalistes partisans de l'innéité de la connaissance ;
- que des empiristes, qui soutiennent que nos connaissances sont tirées de l'expérience ;
- et que des pragmatistes, pour lesquels nos connaissances sont relatives aux besoins de l'action.

Il soutient en effet que **toute connaissance objective a pour origine l'imaginaire et la rêverie** (citation 2). Il ne faudrait pas cependant conclure à la nature imaginaire de la connaissance scientifique. Nous contredirions ainsi ce que nous avons avancé plus haut avec l'idée qu'il faut découvrir et combattre les obstacles épistémologiques. Bachelard affirme en fait que **l'on ne peut comprendre le phénomène de la connaissance que comme l'expression d'un désir inconscient**.

ou d'une théorie est son pouvoir d'action sur le réel, sa capacité à fonctionner.

La connaissance, un désir amoureux ?

C'est de nouveau **l'exemple du feu** qui permet à Bachelard de défendre sa thèse. Ce phénomène a pour lui une importance telle qu'il y voit **l'origine de la formation de l'esprit scientifique**. C'est selon lui ce phénomène-là qui, pour la première fois, éveilla la curiosité scientifique en l'homme. Bachelard soutient plus précisément que **c'est la symbolique sexuelle du feu qui éveilla l'intérêt intellectuel de l'homme** (citation 3).

À la suite de Platon (vers 427-347 av. J.-C.), **il voit dans la connaissance l'expression d'un désir amoureux**. Tout son travail consiste alors :

- d'une part, à **démontrer l'existence d'un « inconscient de la pensée scientifique »** ;
- d'autre part, à tenter de **montrer comment la rationalité scientifique se constitue malgré l'irrationalité originaire de la pensée**. Celle-ci est faite principalement d'images, or l'image ne rend jamais raison d'elle-même. Autrement dit, son évidence apparente n'est pas justifiée par des raisons — l'image est de l'ordre du mythe. Le sens de la philosophie, depuis Platon, est de lutter contre la mythologie en remplaçant nos images des choses par des raisons. Bachelard perpétue cette tradition philosophique, tout en pensant de manière différente les rapports de la raison aux images. **La science**, selon

Bachelard, est une **évolution de l'esprit humain, qui passe du stade irrationnel de l'image à la connaissance rationnelle du réel**.

LE PROBLÈME DE L'OBJECTIVITÉ

La loi des trois états

L'un des problèmes principaux de la philosophie de la connaissance est la question de l'objectivité : comment l'esprit parvient-il à une connaissance objective de la réalité, puisque les apparences nous trompent ? Pour Bachelard, **l'effort de la science est avant tout une lutte contre l'apparence de la connaissance, c'est-à-dire contre l'opinion** (citation 4).

Mais cette lutte contre l'opinion ne peut se réaliser d'un coup. Bachelard critique les prétentions à une objectivité immédiate. En effet, la rationalité et l'objectivité ne sont pas des facultés de l'esprit. Ce dernier devient scientifique après avoir surmonté les obstacles qui s'opposent à une connaissance objective de la réalité. Bachelard définit ainsi **une loi des trois états au terme desquels l'esprit atteint une connaissance véritablement scientifique de la réalité :**

- **l'état concret**, dans lequel l'esprit s'amuse avec les images ;
- **l'état concret-abstrait**, où l'esprit fonde sa connaissance sur une représentation géométrique de la réalité ;
- **l'état abstrait**, où la connaissance est complètement affranchie de l'expérience immédiate et de l'intuition.

Pour Bachelard, il ne suffit donc pas, comme le soutient l'empirisme, d'observer les phénomènes et d'abstraire de notre perception sensible ce qui est relatif à la subjectivité de l'observateur pour parvenir à une connaissance rationnelle. La science ne peut pas être fondée sur la perception.

La science comme lutte contre l'imagination

L'effort pour parvenir à l'objectivité à partir des images est vain : l'imagination, en effet, ne reproduit jamais le réel. Elle est une rêverie dans laquelle la pensée s'égare. Bachelard maintient donc une **opposition stricte entre l'imagination et la raison**. Si la première possède de nombreuses vertus, en aucun cas elle ne peut servir de moyen à l'esprit pour atteindre l'objectivité. La connaissance est de l'ordre du concept, non de l'image. L'esprit a besoin de rigueur et de précision pour produire une connaissance objective de la réalité. C'est pourquoi la science, pour Bachelard, est une activité qui s'exerce contre l'imagination.

La « philosophie du non »

La connaissance scientifique ne se fait jamais à partir de rien. Bachelard soutient, à travers l'idée d'une « philosophie du non », que **toute connaissance apparait contre une connaissance précédente**. C'est uniquement par la critique de nos connaissances acquises que la science progresse. Plutôt que de proposer une connaissance absolue et définitive du monde, le scientifique, à travers la discussion et la confrontation avec la communauté scientifique, cherche constamment à défier l'état de la connaissance actuelle grâce à de nouvelles expérimentations. Pour Bachelard,

les valeurs de critique, de polémique et de défi sont premières et essentielles.

Pour une philosophie de ce type :

- premièrement, **le savoir n'est jamais acquis et l'ouverture d'esprit est une qualité indispensable** au savant, ainsi que l'esprit critique. C'est plus par la question que par l'affirmation que le savoir progresse ;
- deuxièmement, **c'est collectivement que l'on développe notre connaissance du réel**, et non pas seul. Bachelard s'oppose ainsi à l'idée du philosophe solitaire découvrant des vérités absolues et définitives par l'introspection. Au contraire, la discussion et les échanges jouent un rôle primordial dans la quête du savoir.

LA SCIENCE COMME CONSTRUCTION DE L'OBJECTIVITÉ

L'abstraction comme condition de la connaissance

Mais si les images sont des obstacles à la connaissance scientifique et que nous devons rompre avec l'expérience immédiate pour atteindre l'objectivité, comment pouvons-nous accéder à la réalité ? Par quel moyen l'esprit est-il en contact avec le réel ? Pour Bachelard, **la condition de la connaissance scientifique est l'abstraction** (citation 5).

Bachelard ne conçoit pas l'abstraction comme une soustraction de certaines informations des données des sens, ni comme une fuite de l'esprit dans un au-delà de la réalité. Au contraire, l'abstraction est le seul moyen pour accéder au réel dans son objectivité.

Vers une nouvelle définition de l'objectivité

Pour comprendre le sens de la notion d'abstraction chez Bachelard, il est nécessaire de préciser ce qu'il entend par **objectivité**. Celle-ci n'est **pas une représentation de la réalité**. Comment le pourrait-elle, puisque nos images de la réalité sont des sublimations de pulsions inconscientes, non des reproductions des choses ? Tout l'intérêt de la philosophie de Bachelard est dès lors de penser l'objectivité indépendamment de la notion de représentation.

Le philosophe soutient que **l'objectivité est le produit d'une construction de la pensée**. Le phénomène n'existe donc pas tout fait dans la nature et nécessite, pour être pensé, une construction théorique. Bachelard s'oppose ainsi à la pensée réaliste, laquelle suppose que nos connaissances correspondent à des substances à l'intérieur des choses. La connaissance est pensée de ce point de vue sur le modèle de la contemplation ou de l'observation. Bachelard renverse cette conception au profit d'une pensée technique de la connaissance. **Connaitre, ce n'est pas représenter un réel tout fait. Le réel, avant la science, n'existe pas objective-ment : l'objectivité doit être réalisée par la pensée**.

L'importance de l'erreur

C'est par ses erreurs que l'esprit progresse dans sa connaissance du réel. L'erreur est en effet essentielle à la connaissance scientifique, car elle nous informe sur la nature du réel. En dépassant les différents obstacles épistémologiques, l'esprit se découvre lui-même ainsi que les images qui le constituent. L'erreur permet dès lors de prendre conscience de ce qui est faux. À ce titre, elle constitue déjà une forme de savoir. Ainsi, **le contraire de l'erreur n'est pas tant la vérité que la bêtise** :

- avec l'erreur, on apprend que l'on ne sait pas ;
- dans la bêtise, au contraire, on continue d'ignorer que l'on ne sait pas.

C'est pourquoi, pour Bachelard, **la vérité n'est atteinte que par rectification progressive de nos erreurs**. Il n'y a donc aucune raison d'exclure l'erreur du domaine de la vérité : elle est une condition indispensable à la progression de l'esprit vers l'objectivité.

L'expérience et la théorie

Bachelard développe par ailleurs **une nouvelle conception de l'expérience**. Il ne s'agit pas d'une expérience passive face aux données des sens, mais d'une expérience active, préparée collectivement par les scientifiques. L'expérience qui nous informe sur la réalité est dès lors une **expérimentation**.

La notion de théorie, en outre, change de sens. La théorie, comme l'indique faussement l'étymologie, n'est pas une image ou une vision des choses. La théorie crée véritablement le phénomène.

Longtemps opposées, **la science et la technique se voient réconciliées** au début du XXe siècle par la reconnaissance qu'**aucune connaissance scientifique n'est possible**

sans la médiation d'instruments. Ces derniers ont une influence sur notre perception de la réalité. En conséquence, notre connaissance du réel est liée aux instruments qui nous permettent d'accéder à la réalité. **Les instruments du scientifique**, comme le dit Bachelard dans *Le Nouvel Esprit scientifique*, sont des « théories matérialisées ». Il rompt ainsi avec l'idée de la science comme contemplation. Le travail du scientifique ne consiste pas tant à observer la nature qu'à mettre au point des appareils de mesure grâce auxquels il va pouvoir accéder aux phénomènes qu'il veut étudier.

Par conséquent, **le travail du scientifique se transforme**. Il ne s'agit pas d'observer la nature passivement, mais de lui **poser des questions**. Le réel n'existe qu'en fonction des questions qu'on lui pose. L'homme ne développerait jamais ses connaissances s'il ne s'interrogeait pas sur le monde. C'est pourquoi, pour Bachelard, la connaissance implique avant tout de **rompre avec l'opinion commune** (pour qui le monde ne pose jamais problème) : c'est ainsi que l'on commence à s'interroger sur la nature et le sens des choses qui nous entourent.

Ainsi, Bachelard définit **une nouvelle théorie de la connaissance** qu'il appelle **le rationalisme appliqué** : la connaissance du phénomène inclut les conditions d'expérimentation par lesquelles le réel se dévoile à l'esprit. Il n'y a plus de place pour une connaissance générale du réel. Un concept scientifique se distingue désormais par sa précision, puisqu'il inclut les conditions particulières de la connaissance du phénomène. Désormais, **raison et expé-**

rience se tiennent sur un pied d'égalité. La science est faite d'expérimentation et d'ouverture. Tout dogmatisme est banni, puisqu'une vision systématique est rendue impossible par la nature même de la réalité. Contrairement à l'adage qui veut qu'il n'y ait de connaissance que du général, la science contemporaine montre que **l'on ne connait que le particulier et le singulier**. Nous ne connaissons ainsi que des fragments de réalité, sans pouvoir supposer, comme dans un puzzle, qu'ils constituent les éléments d'une totalité. De plus, notre connaissance ne dure que le temps d'être contredite par une nouvelle expérimentation. Ainsi va la connaissance scientifique aujourd'hui : l'objectivité n'a qu'un temps !

L'IMAGINATION ET LA VIE

L'imagination pour humaniser le monde

Si Bachelard voit dans les images des obstacles épistémologiques, il ne critique pas cependant l'imagination comme telle :

- **la science**, en tant que saisie de ce qu'est le monde, nous **donne une connaissance objective du réel**. Mais cette connaissance est une certaine forme de violence, car elle contraint le réel à rendre raison de lui-même, à dire ce qu'il est ;
- **l'imagination**, telle par exemple qu'en fait usage le poète, **implique quant à elle un autre rapport à la vie et répond à un autre besoin de l'homme**, différent de celui de la connaissance.

Selon Bachelard, la poésie **nous permet de faire face à nos angoisses existentielles et de vivre en confiance dans le monde** (citation 6). Autrement dit, le poète, par son travail sur le langage et les images, humanise le monde. En effet, la réalité, en soi, est inhumaine. L'homme vit dans l'insécurité et le souci d'un monde étrange, dans un monde qui lui est étranger.

Bachelard distingue **deux manières d'humaniser le monde :**

- **la science**, qui procède par le concept et la connaissance du réel ;
- **la poésie et l'art**, qui **utilisent l'image** pour soulager l'humanité du poids de ses angoisses.

La poésie comme éveil de la conscience

Le philosophe emprunte à **Jung** l'opposition *animus-anima*. Pour ce dernier, **notre pensée consciente repose sur un inconscient que nous héritons des origines biologiques de la vie**. Notre cerveau conserve la mémoire des formes de vie qui ont précédé l'apparition de l'homme d'aujourd'hui dans l'évolution. Notre inconscient est par exemple toujours hanté par les peurs des premiers hommes vis-à-vis des animaux prédateurs, de la foudre, de la nuit, etc. La partie consciente du psychisme est liée à cet inconscient biologique et transgénérationnel. L'inconscient jungien est donc premier, contrairement à l'inconscient freudien, qui est le produit du refoulement d'expériences pénibles pour le sujet.

De plus, pour Jung, **deux principes ou archétypes structurent l'inconscient** :

- *l'animus*, **principe masculin**, régit la représentation masculine du monde dans la psyché humaine. Il correspond à la vision scientifique des choses et de l'être ;
- *l'anima*, **principe féminin**, est un principe de représentation moins agressif que la saisie conceptuelle de la connaissance et du savoir. C'est ce mode de représentation du monde qui est au principe de l'art, selon Jung.

Bachelard reprend cette opposition pour soutenir que **la poésie est une expression de l'*anima*** de la pensée. Tout comme la science, elle **rend possible un accroissement de la conscience**. Grâce à la poésie, nous sortons des ténèbres d'une pensée obscure et inconsciente. Ce n'est cependant pas par la connaissance que le poète éclaire le monde, mais par l'image.

Ainsi, **l'imagination donne par la création un monde à la conscience**. Elle éveille, comme la science, la pensée consciente, mais par des moyens différents. La raison et l'image sont, pour Bachelard, à jamais irréconciliables : jamais l'imagination ne servira de matière au concept et celui-ci sera toujours, par sa rigueur et sa précision, un obstacle à la liberté et à la vie des images (citation 7).

Pour Bachelard, **la poésie est une rêverie par laquelle on se rend présent à soi-même, tandis que la science nous éloigne de nous pour créer l'objectivité**. Mais l'objectivité n'est pas tout. La pensée a besoin de se retrouver en elle-même. Cette présence à soi dans l'image poétique nous ouvre en effet sur un monde subjectif et familier. La poésie sauve ainsi l'humanité de sa solitude et de son étrangeté à soi en lui donnant un monde à habiter.

EN RÉSUMÉ

Selon Bachelard, **la science est construite sur des images** qui font **obstacle à une connaissance objective de la réalité :** la séduction qu'elles exercent sur notre esprit nous amène à les confondre avec les évidences rationnelles. Ces images ayant une origine inconsciente, le philosophe recourt à la méthode psychanalytique afin de fonder une « psychanalyse de la science objective ».

Dès lors, **comment parvenir à une connaissance objective de la réalité**, puisque l'imagination nous induit en erreur ? Il s'agit, d'après le philosophe, de **lutter contre l'opinion**. Mais cela ne peut se faire d'un coup : l'esprit n'atteint une connaissance véritablement scientifique qu'après être passé par trois états.

Par ailleurs, la connaissance scientifique ne se fait jamais à partir de rien : **toute connaissance apparait contre une connaissance précédente**. Ainsi, les savants doivent faire preuve d'ouverture d'esprit et travailler en collaboration. Aussi est-ce par **nos erreurs** que nous progressons dans notre connaissance du réel : celles-ci sont **essentielles dans la mesure où elles nous informent sur la nature du réel** et nous permettent de prendre conscience de ce qui est faux. La vérité est donc atteinte par rectification de nos erreurs.

Enfin, si Bachelard voit dans les images des obstacles à la connaissance, il ne critique pas **l'imagination** comme telle. Celle-ci **permet en effet à l'homme d'affronter ses angoisses existentielles et d'humaniser le monde** pour y vivre en confiance. En ce sens, la poésie rend possible un accroissement de la conscience, tout comme la science, mais de manière très différente.

POUR ALLER PLUS LOIN

- BACHELARD (Gaston), *Le Nouvel Esprit scientifique*, Paris, PUF, 2003.
- BACHELARD (Gaston), *La Formation de l'esprit scientifique*, Paris, Vrin, 1947.
- BACHELARD (Gaston), *La Psychanalyse du feu*, Paris, Gallimard, 1949.
- BACHELARD (Gaston), *Lautréamont*, Paris, Librairie José Corti, 1986.
- BACHELARD (Gaston), *La Philosophie du non*, Paris, PUF, 1962.
- BACHELARD (Gaston), *La Poétique de la rêverie*, Paris, PUF, 1961.
- HUISMAN (Denis), *Le Dictionnaire des philosophes*, Paris, PUF, 1984.
- PARIENTE (Jean-Claude), *Le Vocabulaire de Bachelard*, Paris, Ellipses, 2002.

TESTEZ VOS CONNAISSANCES !

ASSOCIEZ CHAQUE CITATION À L'EXPLICATION QUI LUI CORRESPOND.

Citation 1 : « La science se forme plutôt sur une rêverie que sur une expérience et il faut bien des expériences pour effacer les brumes du songe. » (*La Psychanalyse du feu*, Paris, Gallimard, 1949, p. 44)

Citation 2 : « On ne peut étudier que ce qu'on a d'abord rêvé. » (*La Psychanalyse du feu*, Paris, Gallimard, 1949, p. 44)

Citation 3 : « C'est l'expérience du feu de l'amour qui est la base de l'induction objective. Une fois de plus, l'explication par l'utile doit céder devant l'explication par l'agréable, l'explication rationnelle doit céder devant l'explication psychanalytique. » (*La Psychanalyse du feu*, Paris, Gallimard, 1949, p. 60)

Citation 4 : « La science, dans son besoin d'achèvement, comme dans son principe, s'oppose absolument à l'opinion. » (*La Formation de l'esprit scientifique*, Paris, Vrin, 1947, p. 14)

Citation 5 : « Bref, le premier principe de l'éducation scientifique me paraît, dans le règne intellectuel, cet ascétisme qu'est la pensée abstraite. Seul, il peut nous conduire à dominer la connaissance expérimentale. » (*La Formation de l'esprit scientifique*, Paris, Vrin, 1947)

Citation 6 : « Nous verrons que certaines rêveries poétiques sont des hypothèses de vies qui élargissent notre vie en nous mettant en confiance dans l'univers. » (*La Poétique de la rêverie*, Paris, PUF, 1961, p. 7)

Citation 7 : « Qui se donne de tout son esprit au concept, de toute son âme à l'image sait bien que les concepts et les images se développent sur deux lignes divergentes de la vie spirituelle. » (*La Poétique de la rêverie*, Paris, PUF, 1961, p. 45)

Explication a : la rêverie est à la base de toute étude objective.

Explication b : pour parvenir à une connaissance objective de la réalité, la science doit lutter contre l'opinion.

Explication c : la science est construite sur des images qui passent pour une représentation objective de la réalité et qu'il est bien difficile de chasser.

Explication d : la poésie nous permet de rendre le monde humain pour y vivre en confiance.

Explication e : c'est par nos erreurs que nous progressons dans la connaissance du réel : celles-ci sont essentielles dans la mesure où elles nous informent sur la nature du monde et nous permettent de prendre conscience de ce qui est faux.

Explication f : afin de découvrir les obstacles épistémo-logiques inconscients, Bachelard recourt à la méthode psychanalytique.

Explication g : c'est la symbolique sexuelle du feu qui

a éveillé l'intérêt intellectuel de l'homme ; ainsi, c'est l'agréable, qui trouve sa source dans l'inconscient, et non l'utile, qui trouve sa source dans la raison, qui est à l'origine de la science.

Explication h : toute connaissance apparait contre une connaissance précédente, c'est-à-dire que c'est seulement par la critique des connaissances acquises que la science peut progresser : c'est ce que Bachelard appelle la « philosophie du non ».

Explication i : la condition de la connaissance scientifique objective est l'abstraction.

Explication j : le concept et l'image éveillent tous deux à la pensée consciente, mais par des moyens différents : ils sont incompatibles.

Rendez-vous sur lepetitphilosophe.fr et découvrez :

Plus de 1200 analyses
Claires et synthétiques
Téléchargeables en 30 secondes
À imprimer chez soi

ISBN version numérique : 978-2-8062-4927-2
ISBN version papier : 978-2-8080-0152-6
Dépôt légal : D/2017/12603/536

Conception numérique : Primento,
le partenaire numérique des éditeurs.

Made in the USA
Monee, IL
07 July 2026